I0190070

* 9 7 8 3 9 4 6 4 5 1 1 2 9 *

سکته مغزی و شفای کوانتومی

sturnus
verlag
نشر استورنوس
www.sturnus-verlag.de

عنوان کتاب: سکته مغزی و شفای کوانتومی
نویسنده: مهین ارجمند
طرح روی جلد: زهرا نیسانی
© نشر استورنوس – آوریل ۲۰۱۷
شابک ۹-۱۲-۹۴۶۴۵۱-۳-۹۷۸
حق انتشار در اختیار نشر استورنوس است ۲۰۱۷
www.sturnus-verlag.de
برای اطلاعات آلمانی به انتهای کتاب مراجعه کنید.

مهین ارجمند

سکته مغزی و شفای کوانتومی

این کتاب را به همسرم پرویز، پسرم آرش ودخترم آرتمیس
هدیه می‌کنم که همواره با من همقدم بوده‌اند

۱

فیزیک‌دانان در تمام شفاهای خودبه‌خودی، اعتقادی و... به یک جهش کوانتومی اشاره دارند. شفای کوانتومی از بیرون و تمام پیشرفت‌های علمی دور شده و به بدن توجه دارد و به ژرف‌ترین هسته مغز می‌رود و نقطه شروع شفا را از این نقطه می‌داند. «ریشی[1]»ها معتقدند که بیماری ناشی از عامل خارجی وارد شده به بدن نمی‌باشد، حتی جریان میکرب‌ها و سموم در خون یا عملکرد سلول‌های زنجیر گسیخته نیز نمی‌باشد بلکه بیماری عبارتست از توالی لحظاتی که در آنها زندگی می‌کنید. چنانچه میزبانی برای بیماری وجود نداشته باشد بیماری قادر به تسلط نیست.

ذهن و بدن آنگونه که گفته شده دو جهان موازی هستند و بدن آینه‌ی منعکس‌کننده‌ی همه‌ی آنی است که در ذهن انجام می‌گیرد. بدن انسان تصویری سه‌بعدی از افکار ماست و می تواند افکار ما را منعکس کند. در بین ماده و ذهن نقطه‌ای هست که دگرگونی‌ها آنجا رخ می‌دهد و اندیشه نام دارد و در تبدیل یک اندیشه به ماده فرایندی رخ می‌دهد که نیاز به زمان و مکان ندارد و این تغییر و دگرگونی در تبدیل ماده به انرژی اندیشه با آگاهی در سطح کوانتوم صورت می‌گیرد و کوانتوم باعث می‌شود که طبیعت آنقدر انعطاف‌پذیر باشد که تبدیل غیرماده به ماده، زمان به مکان و جسم و توده به انرژی ممکن شود. و شفاها نشانه‌هایی از این غوطه‌ور

---

۱. Rishi دانای کل در هندویسم.

شدن در حوزه‌های ناشناخته است که همکاری ذهن و بدن به یک جهش کوانتومی منجر می‌شود. در متد تفکر کوانتومی اصل براین است که به هر آنچه نمی‌خواهی نیندیش. و اگر انسان خود را یک درخت به نظر آورد، ریشه‌ی درخت بخش ناآگاه ماست و هر آنچه که در آن ریشه کاشته شده زندگی ما را ساخته و پیش می‌برد. باید به فکر ریشه‌ها بود و برای تغییر کدهای غلطی که تا هفت سالگی کاشته شده‌اند تلاش کرد. و این امر ممکن می‌شود با گفتار کوانتومی. چگونه است که کوانتوم می‌گوید جسم و مغز یکی است؟ اصلا فیزیک کوانتومی چیست ؟

فیزیک کوانتومی در اواخر سال‌های ۱۸۰۰ از سوی چند فیزیک‌دان برجسته کشف و با ناباوری عمومی روبرو شد. هایزن‌برگ[۲] که جوانی ۱۹ ساله بود سخت در این رشته کار و کوشش می‌کرد ولی فضای آن روزها برای کار و کوشش‌های او زمان درستی نبود و او نه تنها تشویق نشد بلکه با بی‌مهری استادانش هم روبرو بود. او روزی به یکی از دوستانش گفت: «بعد از مردن استادانمان خواهیم توانست دانسته‌های خود را نشان بدهیم و مورد قبول مردم واقع بشویم.» اکنون بعد از گذشت بیش از ۱۰۰سال فیزیک کوانتوم هنوز جایگاه خود را نیافته و در این اواخر است که کم‌کم شناخته می‌شود و از آن بحث می‌شود و اکنون خوشبختانه بسیاری در پی شناخت و فهم شفای کوانتومی و درمان کوانتومی و فکر کوانتومی و... هستند و به این نتیجه علمی رسیده‌اند که ما هرچه را که می‌بینیم و آرزو می‌کنیم واقعیت زندگی ما می‌شود و فهمیدن ساده آن این چنین است که هر آنچه بر ما می‌گذرد فکر و اندیشه ما آن را می‌سازد و ما اگر فکرمان را در مسیر خواسته های خود تنظیم کنیم موفق خواهیم بود. باورش آسان نیست. تمام درمان‌هایی که منبع ناشناخته‌ای می‌جوید به یک جهش کوانتومی اشاره دارند. درمان‌های اعتقادی درمان‌های خودبه‌خودی و حتی استفاده‌های شیمیایی. شفای کوانتومی از هر آنچه بیرونی است از کار برد تکنولوژی پیش رفته و هر آنچه که از بیرون شفا را ممکن می‌کند فاصله گرفته و

۲. Werner Heisenberg فیزیکدان آلمانی. برنده جایزه نوبل در سال ۱۹۳۲

بسوی عمیق‌ترین هسته اصلی ذهن و بدن می‌رود و روند شفا از همین نقطه شروع می‌شود و صد البته برای شناخت این فرایند شفای کوانتومی باید با پاک‌سازی کوانتومی گفتار و فکر کوانتومی نیز آشنا شد که در کتابی دیگر مفصل به آن خواهم پرداخت.

این که کوانتوم چگونه عمل می‌کند بحث فیزیکی طولانی را می‌طلبد که در این گفتار نمی‌گنجد و برای کسانی که از فیزیک دورند و علاقه ای به این بحث ندارند خسته‌کننده است. به همین دلیل سعی می‌کنم آن را به زبان خیلی ساده بیان می‌کنم. یک تعریف بسیار راحت از این مجموعه پیچیده این‌گونه است که برای مثال وقتی وارد یک سلول بشوید اول به دی.اِن.ای.[۳] و ار.اِن.ای.[۴] برمی‌خورید که درست مثل رم و روم کامپیوتر کار می‌کنند. این مهم را دانشمندان پیش بردند و بعد وارد اتم شدند و دیدند خالیست. با کوشش‌های بسیار به ذره‌های نور دست یافتند (مولانا بارها از این سخن گفته است) و این ذره‌ها جمعش کوانتوم خوانده شد که در درون همه ما هست همانگونه که در همه‌جا هست. این کوانت‌ها می‌توانند در زمان واحد در چند جا باشند و از نور سریعتر حرکت کرده و در زمان حرکت کنند یعنی در گذشته و حال باشند. اتم‌ها هسته‌ای دارند و در اطراف این هسته مدارها و الکترون‌ها هستند. در بعضی از اتم‌ها ۲ و در بعضی ۳... مدار هست. این چهار پنج کوانتوم که پیش هم جمع شده و این فشردگی، «فوتون» نامیده می‌شود. اینها الکترومغناطیس ایجاد می‌کنند و وقتی باز و بسته می‌شوند از پایین‌ترین مدار اتم تا دومی و سومی می‌خورد و جهش ایجاد می‌کند واین امر بسیار مهم است که همکاری ذهن و بدن به جهش کوانتومی غیرقابل توضیح و توجیه منجر می‌شود و با قانون پایدار فیزیک دوباره برمی‌گردد به همان مدار قبلی. حال این تغییر و تبدیل چه ارتباطی دارد با موفقیت‌های ما در دسترسی به آرزوهایمان؟

---

۳. D.N.A

۴. R.N.A

تکنیک‌های تفکر کوانتومی می‌گویند با این جهش کوانتومی تفکرات ما -که همه فرکانس دارند- می‌روند و در اونیورزوم (جهان هستی) دور می‌زنند، همسان یا شبیه خود را می‌یابند و برمی‌گردند. یعنی ما تفکرات خود را به سوی خود می‌خوانیم. برای موفق بودن در زندگی باید از فکر کردن به آنچه که نمی‌خواهیم دست برداریم. ذهن و بدن مانند دو جهان موازی هستند و آنچه در جهان ذهن رخ می‌دهد انعکاسی در جهان بدن دارد. در مرز بین ماده و ذهن، اندیشه و دگرگونی اندیشه وجود دارد. در تبدیل اندیشه به ماده فرایندی به وقوع می‌پیوندد که نیاز به زمان و مکان ندارد و این تبدیل ماده به انرژی اندیشه و آگاهی در سطح کوانتوم اتفاق می‌افتد و کوانتوم اجازه می‌دهد طبیعت به قدری انعطاف‌پذیر باشد و تبدیل غیرماده به ماده و جسم و توده به انرژی ممکن شود. شفاهای معجزه آسا در این حوزه اتفاق می‌افتند.

پس به بسته‌های انرژی می‌گویند کوانتوم. قوانین و خاصیت فیزیک کوانتوم می‌گوید پیوستگی انرژی‌های هم فرکانس مهم است. کافیست ما در فرکانس آنچه می‌خواهیم قرار بگیریم. وقتی در آن فرکانس قرار گرفتیم مکانش مهم نیست، «هم فرکانسِ» خواسته‌ی ما جذب می‌شود. ذهن و بدن مانند دو جهان موازی هستند که آنچه در ذهن رخ می‌دهد انعکاسی در جهان بدن دارد. تک‌تک سلول‌های بدن دارای شعورند، و هر سلول یک واحد کامل است. در مرز بین ماده و ذهن نقطه‌ای وجود دارد به نام اندیشه که این دگرگونی در آنجا رخ می‌دهد. در طبیعت هم این رویداد وجود دارد اما آن نقطه‌ی دگرگونی ،اندیشه نام ندارد. در تبدیل یک اندیشه به ماده، فرایندی به وقوع می‌پیوندد که همانطور که پیشتر گفتم نیاز به زمان و مکان ندارد و دگرگونی و تبدیل ماده به انرژی اندیشه با آگاهی در سطح کوانتوم صورت می‌گیرد. و باز همانگونه که قبلا گفتم کوانتوم اجازه می‌دهد طبیعت آن قدر انعطاف‌پذیر باشد که تبدیل غیر ماده به ماده، جسم و توده به انرژی، زمان به مکان را مقدور شود و دست‌یابی به آرزوها و معجزه‌ها... ممکن شود. این‌ها نمونه‌هایی از همکاری ذهن و بدنند که به یک جهش

کوانتومی غیرقابل توجیه منجر می‌شوند. و وظیفه ما در این بین اینست که آرزوهایمان را باور کنیم دلیل خواستنشان را بدانیم به دور از جملات منفی تکرار خواسته‌مان به طور مثال به جای من می‌خواهم پا دردم خوب بشود بگویید من پاهای سالم می‌خواهم و خواست خودتان را مجسم کنید. تجسمی که خلاق باشد.

تمامی تلاش‌ها و نتیجه‌گیری‌ها دال براین است که کوانتا (کوانتوم‌ها) تنها زمانی به صورت ذره نمود می‌کنند که ما بدانها می‌نگریم. برای مثال وقتی کسی به الکترون نگاه نمی‌کند، آزمایش‌ها نشان می‌دهند که همواره موج است. این اصل چه می‌خواهد بگوید و معنای آن در دنیای اتم و زندگی روزمره ما چیست؟ در واقع فیزیک کوانتوم می‌گوید که اتم هیچ محدوده معینی ندارد مگر اینکه مورد مشاهده قرار گیرد. بدون شما (ناظر) همه اتم‌ها با سرعتی فوق‌العاده به درون جهان گسترده می‌شوند. عمل مشاهده و توجه دقیق است که گسترش مکانی اتم‌ها را کاهش می‌دهد و آنها را تبدیل به واقعیت‌های ملموس می‌کند. باز به بیان ساده‌تر می‌گوید اتم و الکترونهای اتم که در یک محدوده مکانی مشخص به دور هسته (ذرات بنیادی) در گردش هستند و ما به آن ماده می‌گوییم اگر انسان (در فیزیک به آن ناظر و مشاهده‌گر گفته می‌شود) وجود نداشته باشد اتم محدوده مشخص خود را از دست می‌دهد و الکترون‌ها و ذرات بنیادی تبدیل به موج شده با سرعت زیاد شروع می‌کنند به دور شدن از یکدیگر و به این ترتیب همه واقعیت‌های ملموس ناپدید می‌شوند. بنابراین بر خلاف دیدگاه فیزیک نیوتونی (و آنچه به آن عادت داریم) که واقعیات (جهان ماده) مستقل از ما هستند در فیزیک کوانتومی واقعیات وابسته به ما هستند. در واقع بدون ذهن ناظر و عمل تفکر هیچ ذره ، هیچ اتم و هیچ جهان مادی وجود ندارد و واقعیت با فعالیت‌های ذهنی ما ساخته و پرداخته می‌شود. و مهمتر از همه اشاره ممتد دکتر «دیپاک چوپرا[۵]» به نقش شفا ست که می‌گوید:

---

۵. Deepak Chopra

تا به حال به این نکته فکر کرده‌اید که چرا بدن انسان قادر به ترمیم خودبه‌خود شکستگی استخوان می‌باشد. قادر به ترمیم زخم‌ها و کوفتگی‌ها است اما قادر به درمان خودبه‌خودی سرطان نیست؟ و یا اینکه چگونه است که تعدادی از بیماران توانسته‌اند یاد بگیرند با نیروی خویش‌درمانی بیماری‌های خود را شکست دهند و برخی دیگر چنین نیرویی را در خود نشناخته و یا قادر به بکارگیری آن در جهت رهایی از بیماری‌هایشان نشده‌اند؟ بررسی‌های علمی انجام شده در خود ترمیمی بدن و درمان‌های خودبه‌خودی بدن نشان می‌دهد که این آگاهی درونی انسان است که استخوان شکسته را وادار به ترمیم می‌کند همین امر در رابطه با درمان‌های شفا نیز صدق می‌کند بیمارانی که موفق به شکست بیماریشان شده‌اند کسانی هستند که یاد گرفته‌اند نیروی خویش‌درمانی خود به تحریک وادارند و موفق‌ترین آنها کسانی هستند که حتی فراتر از این رفته و به راز شفای کوآنتومی دست یافته‌اند و نوابغ پیوستگی ذهن-بدن می‌باشند.

۲

بامداد روز جمعه ۸ آگوست بود روز بی نهایت پرکاری در پیش داشتم. چاشت بامدادی همسرم را در تراس رو به راین[۶] چیدم پولک‌های طلایی روی سطح آب زیر تابش نور خورشید می‌درخشیدند و کشتی‌هایی که پر از توریست‌های شاد بودند همهمه‌کنان رد می‌شدند و صدای موزیک شادی در فضا پیچیده بود و من محو این همه زیبایی یاد عزیزانم افتادم چقدر خوب می‌شد اگر اینجا بودند. و بعد بلافاصله بخود نهیب زدم روز بسیار زیبایی است و برای اندوه جایی نیست. کلا برای من و شادی من هوای خوب یا هوای برفی فرقی نداشت در هوای برفی و باد و بارانی که برای اکثر کسان دلگیر است من شومینه را می‌افروختم و چند شمع هم روشن می‌کردم و شاد بودم. من همیشه شاد بوده‌ام. زن‌عمویی دارم که خیلی دوستش دارم او مرا پسته خندان صدا می‌کرد و خوب روزی با هوایی این چنین زیبا من چون اناری شکفته بودم و پر از دانه‌های شاد در جانم.

کارگران برای بازسازی طبقه پایین خانه‌مان که قبلا کلیسایی خصوصی (۱۴۰ سال پیش) بوده و قرار بود به محل کار من تبدیل شود آمده بودند. پسرم که مهندس ساختمان است قرار بود کارها را پیش ببرد ولی شوربختانه هنگام کار با داربست‌های قدیمی طبقه بالا که سعی داشت آنها را همانگونه که سالیان پیش ساخته شده بود نگاه دارد تکه کوچکی از چوب داربست

---

۶. رود راین

توی چشمش پرید و بسیار برایش ناراحتی به وجود آورد و مرتب نزد دکتر و در بیمارستان بود و به ناچار من خود باید به کار ساختمانی می‌رسیدم و آن صبح زیبا هم کارها را به کارگران نشان دادم و به سوی سلمانی راه افتادم. هوا به قدری لطیف بود آفتاب به قدری بی‌دریغ گرمایش را به تنم و درختان و گل‌ها می‌بخشید که دلم می‌خواست با صدای بلند فریاد بزنم من چقدر خوشبختم.

روز ۸،۸،۲۰۰۸ بود بسیاری داشتند عروسی می‌کردند کوچه‌های زیبای سنگفرش شده لینز[۷] پر بود از عروس و دامادها و مردمان خوشبخت. خانم آرایشگرم کفت «می‌خواستید رنگ مویتان را عوض کنید؟» گفتم: «نه هفته دیگر این کار را می‌کنم و امروز فقط سشوار می‌کشم» و هیچ نمی‌دانستم این هفته دیگر ماه‌ها بعد خواهد بود.

در راه برگشت یادم افتاد که کتم را (که در آلمان همواره باید با خود داشت) جا گذاشته‌ام ولی چون مقداری زیادی دور شده بودم آن را هم گذاشتم برای هفته بعد.

پسرم دوستانش را برای نهار روز شنبه دعوت کرده بود به همین دلیل به کلی با برنامه فردای پسرم مشغول بودم و... و... و به سوزاندن تل کارتن‌ها که پس از باز کردن اثاث‌هایمان در حیاط تلنبار شده بود پرداختم. حدودا بیش از ۱۰۰ کارتن را در باغ سوزاندم و هیچ نمی‌دانستم این هوای آلوده چه مضراتی دارد. کارگران درِ جدید ورودی خانه را کار می‌گذاشتند. درِ خانه بی‌نهایت زیبا شد. آفتاب غروب می‌کرد روز قشنگ رو به پایان بود و من در باغ خانه غرق در بوی گل‌ها و صدای بوق کشتی‌ها.

روبروی کامپیوترم نشسته و با دوستانم در یک نشست پالتاکی مشغول گفتگو بودم که پسرم آمد و چون پس از هر پرتودرمانی مدتی دیدش

---

۷. شهر لینز در آلمان. Linz

مشکل داشت پس از بوسیدن من و پدرش به خانه‌اش که طبقه بالا بود رفت و همسرم را هم به اطاقش بردم و آماده خواب کردم و دوباره به نشست بازگشتم. تا ساعت ۱ نیمه شب در این کنفرانس اینترنتی بودم ولی چون فردای بسیار شلوغی داشتم و بیش از ده قرار جدی، با دوستانم بدرود گفتم و در تختخوابم غلتیدم و چونان همواره با فکرهای زیبا به خواب رفتم ساعت ۳ بامداد بود که با سردرد عجیبی در ناحیه سرم از خواب بیدار شدم قرص مسکنی خوردم و بعد نگرانیم بیشتر شد در بین این همه کار اگر اتفاقی بیفتد بچه‌هایم چه می‌کنند؟ سعی کردم چیزی برای فرزندانم بنویسم که کمی اطلاعات داشته باشند ولی قلم و کاغذ پیدا نکردم (اگر چه آنها مثل همیشه روی میز کارم بودند) سپس حالت تهوع شروع شد همسرم را بیدار کردم و گفتم: «حال من بد است!» همسرم بهت‌زده نگاهم می‌کرد (هیچ کس عادت نداشت مرا افتاده و یا بیمار ببیند) من دست به دستگاه فشار خون بردم که فشارم را اندازه بگیرم ولی دستگاه پرید و به خاطر بالا بودن فشارخون دستگاه خطا می‌داد. یک آن احساس کردم به آخر خط رسیده‌ام و دارم می‌میرم. یک‌باره جرقه‌ای در سرم روشن شد من می‌توانستم از بیرون کمک بخواهم تلفن اورژانس را گرفتم ولی اشتباه بود ناچار پلیس را گرفتم. گفتم که حالم بد است و کمک می‌خواهم و سپس با بی‌میلی شماره پسرم را گرفتم؛ می‌دانستم از صبح در بیمارستان بوده و حتما خیلی خسته خوابیده ولی ناچار بودم. بعد از چند تلفن اشتباهی (بعدها فهمیدم که چشمانم دیگر نمی‌دیده) شماره پسرم را گرفتم چونان همواره با صدای شاد گفت: «بله؟» گفتم: «حالم خوب نیست بیا پایین» و بعد دیگر هیچ... یادم نیست.

۳

بعد ندیدم که روی تخت بیمارستانم. دکتری نزدیک من با کامپیوترش مشغول بود و سگی هم در اطاق بود که سعی می‌کرد مرا بیدار کند من می‌دانستم روز شنبه است و آن سگ هم انگاری سگ پدرم بود که سال‌ها پیش مرده بود. من تونل و نور ندیدم و هیچ فکری نداشتم فقط به خودم نگاه می‌کردم که بسیار ترحم‌برانگیز دیده می‌شدم. سگ پدرم سخت نگران من بود (این سگ در روزگاران دور در آغوش من مرده بود) و دکتر را می‌دیدم که مرتب به اینجا و آنجا تلفن می‌کرد و در مورد من حرف می‌زد... ولی بعدها فهمیدم که من در آن موقع خونریزی مغزی داشته و بیهوش بوده‌ام. سخن از آن روزها ناراحتم می‌کند ولی می‌نویسم شاید کمکی برای کسی باشد.

روزهایی که در بی‌هوشی بودم خواهرم از محل کارش مرخصی گرفته و اطاقی در بیمارستان اجاره کرده بود و چون من در مراقبت‌های ویژه بودم نمی‌توانست مرتب به اطاق من وارد شود و بعدها گفت که از اول بامداد به باغ بیمارستان می‌رفته و به مجسمه حضرت مریم که در باغ بین گل‌ها ایستاده و مواظب مریض‌ها بوده، چسبیده و گریه و التماس می‌کرده که من به زندگی برگردم و از شیشه پنجره اطاق من فقط می‌توانست کمی از پاهایم را ببیند و این دلخوشی او بود که پس من زنده‌ام.

و چون این مدت طولانی شده بود او ناچارا به کارش برگشته بود ولی هرروزه از حال و روز من خبر می‌گرفت. بالاخره من چشمانم را باز کردم و به زندگی سلام کردم هنوز در مراقب‌های ویژه بودم هیچ چیز نمی توانستم بخورم و هر بامداد خیل دکترها به اطاقم می‌آمدند و می‌پرسیدند که چیزی خورده ام؟ اگر ادامه بدهم با لوله به معده‌ام غذا خواهند فرستاد و من بی آنکه بفهمم که فقط قصد دارند که من چیزی بخورم منتظر لوله‌ها می‌ماندم و البته فورا هم همه‌چیز یادم می‌رفت. بوی خانه دوره کودکیم همواره در فضا بود و رایحه‌اش جانم را پر می‌کرد و گاه صدای مادر یا پدرم را می‌شنیدم که سخن می‌گفتند(آنها را سالها پیش از دست داده بودم) کودکیم به قدری به من نزدیک بود که فکر می‌کردم یک ساعت پیش آنجا بوده‌ام یا این و آن کار را انجام داده‌ام. در نزدیکی تبریز منطقه‌ای سبز پر از درختان زرد آلو بود و رودخانه‌ای پرشتاب. اکثر روزهای بهاری بامدادان به آنجا می‌رفتم و بعد از خوردن صبحانه پدرم ما را به مدرسه می‌رساند و خود به سر کارش می‌رفت و مادرم به اتفاق کمک کننده‌ها آنجا می‌ماندند تا ما دوباره به اتفاق پدر برگردیم منطقه بسیار زیبایی بود و بسیار خوش آب‌وهوا و عجیب بود از هنگامی که دوباره چشم به زندگی باز کرده بودم بوی این منطقه مرا پر کرده بود و گاه چون آن روزها خودم را می‌دیدم که زیر درختان سر به فلک کشیده دراز کشیده‌ام و از لابلای شاخه‌های درهم رفته درختان تشعشع خورشید را می‌بینم و یا صدای مادرم که صدایم می‌کرد غذا حاضر است. چه اتفاقی در مغز من افتاده بود؟ تمام گذشته انبار شده در آن به هم ریخته بود و روزهای شاد و زیبای خانه این جلوی جلو ایستاده بودند و بوها و رنگها و چشمان مهربان مادرم و نگاه عمیق پدرم با من بودند و من خوشبخت بودم که یک بار دیگر این زیبایی‌ها را در میان این همه درد و ترس و نگرانی داشتم.

صبح‌ها شب می‌شد و شب‌ها در سردرد وحشتناک روز. هر بامداد ۸ تا ۱۰ پزشک برای معاینه و بررسی وضعم به بالای سرم می‌آمدند و بیشتر با هم دیگر سخن می‌گفتند و می‌رفتند و بالاخره آمد آن روزی که دستگاه‌ها را از بدنم جدا کردند و خبر دادند که می‌توانم به بخش معمولی منتقل شوم.

و آنجا بود که وارد بُعد دیگری شدم. پرستاران مداوم پیشم نبودند و باید خودم حرف می‌زدم و جمله می‌ساختم و فهمیدم که نمی‌توانم. من کلمات را گم کرده بودم هرچه را می‌خواستم بگویم تصویرش را داشتم ولی اسمش نبود رنگ‌ها، این رنگ‌های قشنگ در نگرانی‌های من در پیدا کردن نامشان درد می‌شدند و در قلبم می‌نشستند. و از بدنم فقط سرم را می‌دانستم که هست (به خاطر درد شدید و همواره) و در پایم و یا دستم هیچ حسی نداشتم. راه نمی‌توانستم بروم و یادم نمی‌اید کی و چگونه دوباره به طرف راست یا چپم غلتیدم. ولی خوب به خاطر دارم برای گفتن هندوانه چقدر پانتومیم باید بازی می‌کردم. دکترها گفته بودند ۳ لکه در مغزم هست که امیدوارند از بین بروند والا من علاوه بر بسیاری نارسایی‌ها رانندگی هم نمی‌توانم بکنم و این برای من فاجعه بود و از کودکی که پایم درست به پدال گاز ماشین نمی‌رسید ظهرها بعد از خواب نیمروزی پدرم ماشین را برمی‌داشتم و در کوچه‌باغی ناتوان از دور زدن ماشین را رها می‌کردم و از ماشین بیرون می‌آمدم و کمک می‌طلبیدم. کلید ماشین را پنهان کردن و بالاخره هر ظهر قبل از خواب دینام ماشین را باز کردن کارساز نشد تا در ۱۲ سالگی هنگامی که خواهرم و پسرخاله‌ام هم در ماشین بودند تصادف بدی کردم و دیگر تا ۱۸ سالگی‌ام که چقدر هم انتظاری طولانی بود منتظر ماندم و حال اگر نمی‌توانستم ماشین ببرم چگونه می‌توانستم برای دیدن انسانهای در بند به زندان های مختلف و اردوگاه‌های پناهندگی گوناگون سفر کنم. دکترها نگاهم می‌کردند و متعجب از خوش‌بینی من لبخند می‌زدند.

روزها تندتند می‌گذشتند ولی بی‌زمانی کوانتوم با من بود. پسرم ساعتم را با خود برده بود تا در بی‌زمانی بمانم و از گذر عمر بی‌خبر باشم. یک

روز ظهر دکتر آمد و گفت که مرا روی صندلی چرخدار می‌نشانند و کمی از اطاقم بیرون می‌برند. بسیار خوشحال شدم ولی بلافاصله بعد از نشستن روی صندلی حالت تهوع من شروع شد در نتیجه دوباره مرا به روی تختم برگرداندند. وقتی از من سوالی می‌پرسیدند و من نمی‌فهمیدم خودم را گناهکار می‌دانستم و هیچ نمی‌دانستم این‌ها همه دست‌آورد اتفاقی است که برمن گذشته.

روزی از پسرم که هر روز در بیمارستان بود خواستم چند مجله مورد علاقه‌ام در مورد دکوراسیون خانه را بیاورد و پسرم با خوشحالی برایم تهیه کرد و من وقتی اولین صفحه را باز کردم دیدم تمام صفحه خط‌خطی است. چون پسرم نزدیک من ایستاده بود و خوشحال مرا می‌نگریست هیچ نگفتم و اشکم را به زحمت کنترل کردم و اینجا بود که فهمیدم چشمم هم آسیب دیده. ولی حالم به گونه‌ای بود که روی هیچ موضوعی درنگ نمی‌کردم.

۴

بعداز مدتی قرار شد بیمارستان مرا عوض کنند و من هنوز هم نفهمیده‌ام چرا کارکنان بیمارستان تاکسی خواستند و مرا تنها سوار آن تاکسی کردند با وجود اینکه پسرم بارها گفته بود که در هر موردی به او تلفن کنند. راننده تاکسی که هیچ نمی‌دانست چه بیماری را سوار کرده با سرعت از خیابان‌های باریک با شتاب می‌گذشت و من خیابان‌ها را که دیری بود ندیده بودم می‌بلعیدم آدم‌ها که باشتاب هریک به دنبال کاری بودند و زندگی همچنان در گذر بود واین آدم‌ها که چنین با شتاب می‌گذشتند هیچ نمی‌دانستند که زمین زیر پاشان آنقدر هم که فکر می‌کنند محکم نیست. و از آن صدها تن که از خیابان‌ها می‌گذشتند چند نفر به درختان و بوی نان تازه‌پخت توجه داشتند. ای کاش سالم بودم و می‌توانستم پنجره تاکسی را پایین بکشم وبا صدای بلند بگویم آرام باشید نفس عمیق بکشید و از پاهایتان سپاسگزاری کنید که صبور و بردبار با شما همراهند. ولی حالم خوب نبود و کلمه نداشتم. صبح زیبایی بود من دوباره می‌توانستم مردم را، خیابان‌ها را ببینم ولی حالت تهوع امانم را بریده بود. به سختی کلمات را به هم چسباندم و به خانم راننده گفتم که حالم خوب نیست ولی او در آرامش کامل رانندگی می‌کرد و به موزیک کلنی‌اش که صدایش را هم بلند کرده بود گوش می‌کرد از خیابان‌ها گذشتیم و از جاده‌های تنگ و پردرخت منطقه می‌گذشتیم که به زحمت دستم را به شانه‌اش زدم و به او فهماندم که حالم خیلی بد است گفت کمی جلو تر ماشین را نگه می‌دارد و پس از

مدتی ماشین را کنار کشید و گفت: «پیاده شو» نه کلمه داشتم که جمله بسازم و نه حال فهماندن. در نتیجه در ماشین را باز کردم و به زحمت پایین رفتم و بلافاصله پاهایم زیر تنم تا شد و من کف زمینی که درست در کنار سرازیری بود ولو شدم و در کلنجار برای پاشدن از سرازیری به طرف پایین غلط خوردم. درست پایین سرازیری رودخانه عظیمی با سروصدا می‌غلتید و پیش می‌رفت و همه‌اش شاید چند ثانیه طول کشید ولی من خیسی زمین و برگ‌ها و آشغال‌هایی که به من می‌چسبیدند و می‌غلتیدند و غرش رودخانه و اینکه من درون این آب سرد خواهم افتاد و آب مرا لابلای این درختان سر به فلک کشیده با خود خواهد برد، همه را چونان یک فیلم دیدم بته بت بودم و تسلیم شده بودم که ناگهان به یک درخت تنومند خوردم و درخت راه پیش رفتن مرا گرفت و من چونان تکه‌ای گوشت همانجا چسبیده به زمین خیس و کثیف ماندم و گویا خانم راننده در این فاصله با داد و بیداد کمک گرفته و سعی کردند از سرازیری پایین بیایند و مرا بالا بکشند. در ماشین لوازم شخصی مرا گذاشته بودند و خانم راننده مرا لابلای حوله‌هایم پیچید و روی صندلی ماشین انداخت و گاز داد. فکر می‌کنم او بیشتر ترسیده بود.

با تلفن همراهش به بیمارستان خبر داد که چه اتفاقی افتاده و یک مریض خیس و غرق در برگهای خیس و کثیف و گل‌ولای را می‌آورد. به همین دلیل تا به بیمارستان رسیدیم چند پرستار منتظر ما بودند و مرا با چرخ به اطاقی بردند و چون سخت می‌لرزیدم و درد شدیدی در همه جانم داشتم مرا همانگونه روی تخت خواباندند و رویم را پوشاندند. پس از دقایقی خانم دکتری به بالای سرم آمد و شروع کرد به پرسش های گوناگون. در صورتش لبخندی داشت که به من حس خوب و آرامی می‌داد و جواب های ناقص مرا با زبان الکنم نمی‌دانم فهمید یا نه. ولی مهربان بود و گفت: «سه ماه اینجا خواهی بود بعد به خانه‌ات برمی‌گردی.» و شنیدن همین جمله پر از انرژیش که پس از مدتها اولین جمله شیرینی بود که می‌شنیدم خیلی خوشحالم کرد و سپس به خانم بسیار نازنینی که همراهش بود گفت

که مرا حمام ببرد و بشوید و لباسهای تمیز تنم کند و آن بانوی نازنین که هرگز فراموشش نخواهم کرد چنین کرد. بعداز ماه‌ها روی صندلی مخصوص زیر آب داغ نشسته بودم سرم را حس می‌کردم و موهایم را که همینطور پایین می‌ریخت ولی من نسبت به ریزش موهایم بی‌تفاوت بودم. واقعا فکر می‌کردم اگر بهشت درست باشد همین‌جاست و من در بهشتم. بعد مرا به تختخواب تمیز برگرداند و پرسید: «چه می‌نوشی؟» با عادت گذشته گفتم: «چای و آب هر کدام باشد.» البته بیشتر با اشاره می‌فهماندم و او بعد از چند لحظه هم آب و هم چایی را کنار تختم گذاشت و آنها تا فردا بامداد همچنان آنجا ماندند چراکه من نمی‌توانستم بنوشم و ماه‌ها بود آب نخورده بودم (من قبلا روزانه بیش از دو لیتر آب می‌خوردم).

سپس بانوی نازنین یک ساعت دیواری بزرگ آورد و به دیوار اطاقم آویزان کرد. البته حال پسرم بعد از دیدن آن ساعت دیدنی بود چون معصومانه فکر کرده بود دوری از ساعت باعث خواهد شد زمان بیرون از من حرکت کند. «تاگور» می‌گوید: «تو فکر می‌کنی زمان می‌گذرد و تو می‌مانی ولی تو می‌گذری و زمان می‌ماند». عصر پسرم به اتفاق همسرم و یک دوست نازنین خسته و از پا افتاده آمدند به بیمارستان قبلی رفته بودند و فهمیده بودند که من به بیمارستان دیگری منتقل شده‌ام. پسرم پس از شنیدن جریان غلطیدن من از سرازیری و آنچه بر من گذشته بود میخکوب شده بود چشمانش درست مثل نگاه ماهی در تور ماهی‌گیر افتاده بود. پر از ترس و چه کنم. پسرم با کارکنان آنجا صحبت کرد و لیستی تهیه کرد از احتیاجات من و غروب مرا ترک کردند.

هنگام نیمروز همه برای خوردن غذا پایین می‌رفتند اما غذای مرا برای من به اتاقم می‌آوردند ولی نمی‌توانستم چیزی بخورم راه گلویم منقبض می‌شد و من حالت خفگی پیدا می‌کردم. روزی خانم دکتر به من گفت: «من از زندگی تو شنیده‌ام و می‌دانم خیلی قوی هستی می‌دانی که امکان دارد نتوانی راه بروی و یا.. ....» صد درد دیگر را زنجیروار شمرد و گفت:

«تو باید شکرگزار باشی که زنده ای.» نگاهش کردم و می‌خواستم به او بگویم این‌گونه نخواهد شد و من دوباره چونان گذشته راه خواهم رفت و کار خواهم کرد و... ولی کلمات گم بودند و من وقتی دنبال یک واژه بودم واژه قبلی پر می‌کشید و محو می‌شد. سال گذشته من شفای کوانتومی از«دیپاک چوپرا» را خوانده بودم که شامل داستان‌های زیادی بود از بیمارانی که توسط فکر کوانتومی درمان شده بودند. از فردایش تصمیم گرفتم خودم با خودم کار کنم هرچند که در کتاب تعداد شفایافتگان بیماری‌های سخت مثل سرطان خیلی کم بود ولی من با خود اندیشیدم اگر یک نفر با این روش خوب شده من هم دومی خواهم بود.

بعد از چندی مرا به بخش چشم‌پزشکی بردند و هنگام آزمایش‌ها من از اینکه حروف را نمی‌توانستم ببینم سخت شرمنده بودم و خود را گناهکار می‌دانستم. سعی می‌کردم ندیدنم را مخفی کنم بعدها دانستم که همه طبیعی بوده. روزی مرا به اطاقی بردند که چند پزشک و چند بیمار هم آنجا بودند و یک‌به‌یک از بیماران می‌پرسیدند بیماریشان چیست. بیمار دوم گفت: «سکته مغزی!» و من بسیار خوشنود سعی کردم این جمله را در خاطر داشته باشم ولی وقتی نوبت به من رسید من جمله را فراموش کرده بودم و به ناچار جواب دادم بیماری من هم مِثل بیمار دوم است البته بیشتر با حرکات اشاره و پانتومیم. و بعد از من خواستند اسم سه گل را بگویم اولین مشکلم به خاطر آوردن گل‌ها بود و بعد به خاطر آوردن نام گل و بعد نام گل به آلمانی. متوجه بودم گرفتاری من فقط جسمی نبود روحی، احساسی، غربت همه و همه و بس مسایل دیگر. پسرم هر روز به اتفاق همسرم به دیدن من می‌آمدند و من متاسفانه چشمانم را نمی‌توانستم باز نگه دارم این بود که آرزو می‌کردم زودتر بروند تا من بخوابم.

بعد از ماه‌ها که قرص‌های مختلف را کم کردند من توانستم قبل از اینکه خوابم ببرد چون گذشته‌های دور کمی فکر کنم و از این زمان شروع کردم به اندیشه کوانتومی. چشمانم را می‌بستم و مجسم می‌کردم در باغ

بیمارستان می‌دوم از درخت‌های باغ میوه می‌چینم و از گل‌های رنگارنگ وحشی باغ یک بغل می‌کنم و به اطاقم می‌آورم و سعی می‌کردم بوی گل‌ها را استشمام کنم گاه مجسم می‌کردم باغ جلوی اطاقم را آب می‌دهم و سعی می‌کردم بوی خاک باران‌خورده را به ریه‌هایم بدهم.

یک روز به پسرم گفتم: «برای من کفش‌های ورزشی‌ام را بیاور!» و او متعجب مرا نگاه کرد ولی فردایش آورد با اینکه می‌دانست من نمی‌توانم راه بروم. ولی من می‌خواستم کفش‌هایم را ببینم و در فکرم، وقتی می‌دوم، بتوانم کاملا مجسمشان کنم چرا که در شفای کوانتومی اصل بر این است که هر چه را می‌خواهیم باید تماشاگرش باشیم تا آن جهش کوانتومی اتفاق بیفتد.

دوستانم که برای دیدنم می‌آمدند مرتب از ویلای قدیمی که شبیه خانه من است در نزدیکی باغ صحبت می‌کردند و می‌گفتند اگر آن را ببینی حتما می‌خواهی بگیری و تعمیرش کنی تنها و غریب آنجا افتاده. بعد از مدتی آن ویلا را هم دیدم و یاد خانه‌ام افتادم که نیمه‌تمام آنجا افتاده بود و من فقط تصویری مبهم از در ورودیش در خاطر داشتم. باقی محو بود. از شبی که یاد خانه‌ام در من بیدار شد روی تخت که دراز می‌کشیدم چشمانم را می‌بستم و فکر می‌کردم این همان تخت دوست‌داشتنی کودکی من است با ملافه‌های سفید لاجورد زده مادر، که صد قوطی به‌به با عطر گل محمدی نمی‌توانست آن بوی زیبا را داشته باشد.

خوابیده‌ام هر شب در فکرم قدم‌زنان که نه پروازکنان به خانه‌مان می‌رفتم و شروع به تمیز کردن چوب‌های قدیمی و نرده‌های پوسیده می‌کردم نرده‌ها را می‌سابیدم و روغن می‌زدم و از بوی روغن که در شامه‌ام می‌پیچید لذت می‌بردم و همواره به فکر سه لکه سیاهی که گفته بودند در مغزم هست بودم ولی متاسفانه تجسم من زیاد طول نمی‌کشید و نمی‌توانستم زیاد فکر کنم. مغزم زیر فشار داروها به خواب می‌رفت. به قدری به این

تجسم‌ها عادت کرده بودم تا توی تختم می‌رفتم به دنبال شلنگ آب بودم که به گل‌ها آب بدهم و یا بدوم دور تا دور باغ بیمارستان و واقعا به قدری در فکر خود در باغ می‌دویدم که فکر می‌کردم من می‌توانم بدوم.

بعداز چندی تصمیم گرفتم هنگامی که به بخش‌های مختلف مجبورم بروم تنها بروم خیلی با اکراه با خواست من که روی صندلی چرخ‌دار تنها باشم روبرو شدند ولی بالاخره پذیرفتند و من وقتی از آسانسور بیرون می‌آمدم چرخ را رها می‌کردم و به زحمت خودم را به نرده‌هایی که سرتاسر دیوارها برای بیماران کار گذاشته شده بود می‌رساندم و شروع می‌کردم به راه رفتن و هنگام برگشت هم همینطور تا نزدیک آسانسور می‌رساندم و روی صندلی خود می‌نشستم و بالا می‌رفتم روزی نزدیک آسانسور رسیدم و صندلی من نبود به مکافات خود را به بالا رساندم خانم دکتر در راهرو بود با چند نفر مشغول صحبت بود چشمش که به من افتاد هراسان نزدیک شد و من که از پا افتاده بودم توی دست‌هایش افتادم و زود صندلی برایم خواست و بعد به اطاقم آمد و ناباورانه پرسید چه می‌کنی تو بیماری و کسی از تو توقع ندارد راه بروی تو باید مواظب خودت باشی. گفته‌هایش دلسوزانه بود ولی من مصمم بودم سلامتی کامل را به دست آورم و به این جهت همواره در حال تجسم بودم تجسم این که می‌توانم راه بروم و بدوم ورزش کنم و معمولا مجسم می‌کردم پوشه بیماریم دستم است و از این اطاق به آن بخش می‌روم و برمی‌گردم و در نهایت آمد آن روز که خودم توانستم راه بروم و روزی که برای نوار مغزی از سرم به طرف آسانسور می‌رفتم خانم دکتر را باز به اتفاق چند دکتر دیگر در راهرو مرا دید و به شوخی گفت: «آب تنی می‌روی؟» خندیدم و گفتم: «الان نه ولی بعد از چند ماه دیگر شنا هم خواهم رفت.» با لبخند مهربانش صورتم را بین دو دستش گرفت و گفت: «باور دارم.» که چنین خواهد شد.

من دوباره در کوچه باغ های پرگل لینز قدم خواهم زد. من می‌دانم دوباره ایران را خواهم دید و به خانه پدری‌ام خواهم رفت. چشمان زن‌عموی

نازنینم را، که به اندازه مادرم برای ما عزیز است، خواهم بوسید و در کنارش دراز خواهم کشید و بوی مهربانیش را در جانم پر خواهم کرد و از لج این سال‌ها که ندیدمش شب را در کنارش صبح خواهم کرد. یاد خانه پدری و زن‌عموی از جان عزیزترم پرم می‌کند و از چشمانم گرمای پدرم می‌چکد بعد از این همه مدت اشک‌هایم سرازیر می‌شود ولی امیدهایم هم‌چنان قوی با منند و با این امیدهاست که زندگی ادامه می‌یابد.

پاییز چندی بود که آمده بود و درختان سبز بیمارستان در رنگ‌های زیبای قرمز و نارنجی، سبز کم‌رنگ و سبز تیره باغ را پر کرده بود. از پنجره اطاقم به آن همه زیبایی نگاه می‌کردم وبا خود می‌گفتم چقدر خوشبختم که بیدار شدم و دوباره شاهد زیبایی‌های فصل‌ها هستم. در شفای کوانتومی بیشتر روی سکوت تکیه می‌شود و نزدیکی با طبیعت. خوشبختانه هر دو را داشتم. هیچ فکری دیرپا نبود و من بیشتر سکوت داشتم و باغ پر از درخت و چمن به قدری هوای خوبی داشت که در سال‌های خیلی دور بیمارستان مخصوص مسلولین بوده و تا چشم کار می‌کرد چمنزارها و تپه‌های پر از رنگ‌های مختلف بود و مرا یاد کتاب «ژان کریستوف» نوشته «رومن رولان» می‌انداخت (در سفری که سه دوست برای دیدن ژان می‌رفتند و از تپه‌ها بالا می‌رفتند و...). و من کم‌کم دلم برای خانه‌مان تنگ می‌شد و این حس مرا خوشحال می‌کرد چرا که من قبلا هر کجا که بودم شب هنگام خواب باید به خانه برمی‌گشتم. این عادتی بود که در من نهادینه شده بود و گاه باعث دلخوری خواهرم می‌شد ولی حتی روزی که خاله نازنینم در شبی که ما را دعوت کرده بود و کلی تدارک دیده بود ناگهانی از میان ما رفت من گفتم شب را می‌مانم همانجا ولی نیمه‌شب آرام از خانه خاله‌ام بیرون آمدم و خود را به خانه‌مان رساندم. ولی حال مدت‌ها بود که از این حس دور افتاده بودم. دوری از خانه‌ام حس عجیبی است درست نمی‌توانم بیان کنم. من از خانه‌مان، کارم، فامیل و... به گونه‌ای این همه مدت دور افتاده بودم و فقط لحظه‌ها و زمان را گذرانده بودم. و حال این علامت خوبی بود که من دلتنگ خانه شده بودم. یک شب قبل از خواب سعی کردم خانه‌مان را بیاد

بیاورم جلوی در خانه‌مان در خاطرم بود در آن روز زیبای آگوست کارگران درِ زیبای سفید و طلایی‌اش را کار گذاشته بودند و یک روز که خواهرم در بیمارستان به دیدنم آمده بود به من گفت: «خانه خیلی قشنگ شده، در را کار گذاشته‌اند.» یک دفعه در مغزم روز ۸ آگوست زنده شد و به او فهماندم در را همان روز بیماری من کار گذاشته بودند و من آن را دیده‌ام ولی بعد از در هیچ در خاطرم نبود. کوچه‌مان چه شکلی بود و به کجا منتهی می‌شد نمی‌دانستم و آن شب سعی کردم به خاطر بیاورم درِ کوچه را در خاطرم باز می‌کردم و به طرف چپ و راست می‌نگریستم همه جا در مه پوشیده شده بود. خیلی غم‌انگیز بود. خیلی. و من امروز این دردها را با اندوه فراوان دوباره بازخوانی می‌کنم. زیرا دلم می‌خواهد دیگرانی که در دور و نزدیک همچین بیماری دارند کمی بیشتر با رنج‌ها و مشکلات بیمار آشنا بشوند.

صبح این مسئله دردناکم را با خانم دکتر که دیگر دو دوست شده بودیم در میان گذاشتم و او ترتیبی داد که یکی از همکارانش مرا به اطاقش برد و جلوی کامپیوتر نشستیم و سعی کرد نقشه شهر ما را پیدا کرده و به من نشان دهد و بعد نقشه خانه‌مان را پیدا کرد و به من گفت که می‌داند من کامپیوتر خوانده‌ام و خودم می‌توانم مکان‌ها را در نقشه کامپیوتر پیدا کنم با خوشحالی شروع کردم به نگاه کردن. ولی روی صفحه همه خطوط در هم بود و من چیزی نمی‌دیدم غمگین بلند شدم و بیرون آمدم و بعد از ساعتی خانم دکتر آمد و شروع کرد به تعریف از من که همکارش گفته من به کامپیوتر خیلی مسلطم و... و... و... می‌دانستم که می‌خواهد به من روحیه بدهد ولی عجیب است که به ندرت کسی از بیرون به من می‌تواند نیرو، روحیه و یا شادی بدهد. من همواره از درون گرفته‌ام این بار هم همین گونه بود و من اول می‌بایستی خودم از خودم راضی باشم تا بعد سخن دیگران مرا امیدوار یا خرسند کند.

در کتاب شفای کوانتومی آقای «دیباک چوپرا» می‌گوید که پسر بچه‌ای غده‌ای سرطانی در مغز داشت و به او یاد داده بودند هنگام بازی کامپیوتری

مجسم کند شلیک دشمن به سوی او یکی از غده‌ها را از بین می‌برد و... این بچه خوب می‌شود. و من که همه کتاب یادم نبود ولی بخش بازی کامپیوتری کاملا با من بود فقط دنبال راهی بودم که بتوانم مجسم بکنم چیزی این لکه‌های سیاهی را که در مغز داشتم از بین ببرد من البته از کودکی در دریاچه بزرگ اندیشه‌ها و تخیلات خود شنا می‌کردم و حال لازم بود که بتوانم به خوب شدنم فکر کنم. هرروز پرنده زیبایی می‌آمد روی لبه پنجره من می‌نشست و از خرده‌ریزهایی که برایش می‌گذاشتم می‌خورد. فکر کردم مجسم کنم او این لکه‌های سرم را می‌خورد ولی نشد بالاخره یک روز یافتم. رفتم زیر دوش و مجسم کردم این آبی که از سرم جاری است این لکه‌ها را تمیز می‌کند برایم خیلی دلپسند بود آب از بالای سرم سرازیر بود و من چشمانم را بسته و مجسم می‌کردم آب که از سرم جاری می‌شود تکه‌هایی از لکه‌ها را پاک می‌کند. و به قدری این تجسم واقعی بود که من کاملا باور کردم این مهم انجام خواهد شد و با وجود اینکه گفته بودند تنها نباید حمام بروم ولی من هر بامداد به سوی حمام می‌دویدم و خوشحال و راضی زیر آب می‌رفتم. لحظه های شیرینی بود کسی نمی‌دانست من چه می‌کنم و من مشتاقانه انتظار سی‌تی‌اسکن بعدی بودم.

روزی خانمی از بخش ویژه آمد و گفت می‌توانند به من ۶۵ درصد بیمه از کارافتادگی بدهند و من خیلی جدی گفتم: «ولی من از کارافتادگی ندارم به علاوه من کارم را دوست دارم. کارم چه می‌شود؟» او نگاه عجیبی به من انداخت که نفهمیدم این نگاه تحسین بود یا ترحم. و گفت: «شما بازنشستگی بیماری می‌گیرید و از یک مزایایی هم استفاده می‌کنید.» ولی من قبول نکردم و سخت براین باور بودم که من سالم سالم خواهم شد. و او هم متعجب رفت. بالاخره زمان سی‌تی‌اسکن رسید ولی جوابش خوشحال کننده نبود لکه‌ها سر جایشان بودند و در نتیجه بعداز خوب شدن چشمان من بخش چپ چشمانم نمی‌توانست بینایی داشته باشد. ولی من با خود گفتم همه چیز دوره ای دارد کودک ۹ ماه در شکم مادر هست تا کامل

شود و بیرون بیاید اگر این دوره لازم نبود حتما هر کس فرزند می‌خواست امروز تصمیم می‌گرفت و فردا فرزندش را به دنیا می‌آورد. پس من هم باید صبر کنم این دوره باید مسیر خودش را طی کند و همچنان به باور خود و حمام کردن مداوم و شستن لکه‌ها ادامه دادم. روزی ۵ پزشک و تنی چند از همکارانشان به اطاقم آمدند و به من گفتند که تلاش‌های من نتیجه داده و باور دارند که من از این پس بهتر و بهتر خواهم شد ولی باید کارهایی را انجام بدهم و با پنج پزشک مختلف در تماس مستقیم باشم و بعد از یک ماه دوباره خودم را برای یک بیمارستان بازسازی آماده کنم ولی حال اگر خیلی احساس خستگی از بیمارستان می‌کنم می‌توانم به خانه بر گردم من بسیار خوشحال شدم و دو روز قبل از موعد مقرر پسرم که پیش من بود گفت: «اگر خیلی دل‌تنگی امروز برگردیم!» با وجودی که ساعت ۷ بعداز ظهر بود ولی خوشبختانه پزشک خودم هنوز در بیمارستان بود پسرم با او صحبت کرد و او هم مدارکی را که آماده کرده بود به ما داد و با تاکید بر اینکه باید به عوارض خونریزی مغزی آگاه باشم و به پزشکان مربوطه مراجعه کنم، لیستی از این عوارض را به من داد

فلجی (فلج)
اختلالات تون عضلانی (اسپاسم)
اختلالات صوتی / اختلالات گفتاری
اشکال در بلعیدن غذا
اختلالات تمرکز و حافظه
محدودیت‌های روزمره زندگی

تا به پزشکان مربوطه مثل فیزیوتراپی و گفتاردرمانی و... و... و... مراجعه کنم و ۳ ماه دیگر هم به یک بیمارستان بازسازی[۸] بروم.

---

۸. Rehabilitation clinic

با پسرم به عجله وسایلم را جمع کردیم. و به همه بیماران و کارکنانی
که حاضر بودند بدرود گفتیم و بیرون آمدیم. پسرم تلفنی به دخترم که در
شهر دیگری زندگی می‌کرد تلفن زد و گفت که من به خانه بر می‌گردم و او
هم بلافاصله به طرف منزل ما راه افتاد و دقایقی بعد خواهرم و همه اظهار
می‌داشتند همان شبانه به منزل ما خواهند آمد.

۵

مسیر ما جاده‌ای بسیار باریک بود و دو طرف جاده پر از درختان سر به فلک کشیده بود. یک‌باره پسرم سرعت ماشین را کم کرد و فریاد زد: «مادر نگاه کن!» دو گراز با دو کودکشان از جاده می‌گذشتند پدرم عکسی داشت که پس از شکار این حیوان گرفته بود و از افتخارات خود می‌دانست. جاده باز پر از بوی پدرم شد و مادرم و برادرم در سال‌های دور، به هنگام سفر با برادرم در یک جاده پر درخت و زیبا که نسیم زیبای بهاری با بوی شکوفه‌های بیدمشک فضای اتومبیل و جانمان را پر کرده بود. برادرم در گوشه جاده ماشین را نگه داشت و شیشه‌ها را پایین داد و گفت گوش بده انگار طبیعت «چهار فصل» «ویوالدی» را اجرا می‌کند. چشمانت را ببند و مجسم کن و من در تاریکی شب، غرق در عطر بوی بیدمشک‌ها سمفونی «چهار فصل» را شنیدم، با گوش احساسم شنیدم. و حال در این جاده پر درخت و باریک یک‌باره بوی بیدمشک‌ها وزیدن گرفت و چهار فصل ویوالدی آنچنان گوشهایم را پر کرد که خودم را در آن جاده آذربایجان غربی و در کنار برادرم که ۲۷ ساله بود که ما را ترک کرد می‌بینم. هوا همان قدر لطیف بود که آن روز. و من پر از شادی های آن روز بودم و پسرم برای اینکه سکوت را بشکند به شوخی می‌گوید: «می‌خواهی سری به خانه فروش لوازم ساخت‌وساز منزل بزنی شاید باز باشند.»

به خانه رسیدم بوی خانه‌مان، ماشینم که در باغ خانه هم چنان پارک
بود، گویی پسرم داده بود آن را شسته بودند. دخترم، خواهرم، همه بودند و
ملودی روح من سرشار از زندگی بود.

برای من تختی در اطاق نشیمن گذاشته بودند و درست روبروی
پنجره‌های رو به رود «راین» هیچ چیز تغییر نکرده بود: «راین» و کشتی‌ها
و سوتشان. فکر کردم اگر مرده بودم هم این چنین بود. چیزی تغییر
نمی‌کرد. با وجودی که چندین بار مرگ را در اتفاقات و حادثه‌های متفاوت
در یک قدمی خود احساس کرده بودم، ولی این بار واقعا همه چیز به گونه
دیگر بود. دقیقا فکر می‌کردم من مردم و دوباره زنده شدم. کابوس های
زمانی که در حالت اغماء بودم هنوز با من است. من در یک تابوت بودم
و مرتب عده‌ای تابوت‌ها را که همه پر از مرده‌ها بودند می‌بردند و من در
ترس و وحشت که الان نوبت من خواهد شد سعی می‌کردم فریادی بزنم،
حرکتی بکنم تا آنها بفهمند که من نمرده‌ام و زنده‌ام ولی نمی‌توانستم و این
کابوس را من بارها و بارها دیدم.

صبح زود با صدای پرندگان از خواب بیدار شدم همه خواب بودند ولی
من به رسم بیمارستان که از ۶ صبح بیدار می‌کردند با وجود قرص های
آرامش‌بخش و ضدترس و ... که قبل از خواب خورده بودم از تخت بیرون
آمدم مدتی «راین» را نگاه کردم و فکر کردم چرا این بلا بر سر من آمد؟
هر چند که خود را خوشبخت می‌دانستم که زنده مانده‌ام ولی به دنبال دلیل
بودم: چرا من؟ چسبیده به این طبقه از خانه‌مان یک خانه کوچک هم بود
که خانم مسن ۷۰ ساله‌ای در آنجا زندگی می‌کرد و با خرید ما می‌بایستی
خانه را ترک می‌کرد. البته برای او آپارتمان نو و زیبایی از طرف فروشنده
خانه ما آماده شده بود ولی پیر زن نمی‌خواست خانه‌اش را ترک کند و به
عناوین مختلف رفتنش را عقب می‌انداخت ولی بالاخره خالی کرد و رفت و
ما هم دیوار وسط این خانه را که چسبیده به اطاق پذیرایی ما بود برداشتیم
و اطاق نشیمن آن بانو را من اطاق خواب خودم کردم و من در همان اطاق

خواب و یا اطاق نشیمن آن بانوی مسن بود که افتادم و به حالت اغماء رفتم. همه این‌ها از ذهنم گذشت آیا این اتفاق «کارما» بود و من امروز پس از گذشت سال‌ها صددرصد معتقدم که «کارما» بود. چون پیرزن در خانه پیر شده بود و می‌خواست همینجا بمیرد.

سنجابی از درخت بلند ۲۰۰ ساله باغ پایین آمد. یک‌باره جر قه‌ای در مغزم روشن شد این سنجاب با دو فرزندش آن بالا زندگی می‌کردند و من برایشان همواره گردو و... پایین درخت می‌گذاشتم که بعد از دور شدن من از درخت پایین می‌آمدند و می‌خوردند. من در این مدت طولانی اصلا یادشان نکرده بودم! بهتر بگویم یادم فراموششان کرده بود. غرق در افکارم بودم که خواهرم بیدار شد و خبر داد که خواهر کوچکترم از ایران برای دیدنم خواهد آمد. همه چیز عالی بود و من بی‌نهایت خوشحال.

عکس پدرم با لباس ارتشی و شمشیر فشرده در دستش و با قامت بلند روبرویم به دیوار آویزان بود. با لبخند زیبایش به من می‌نگریست. او به من لقب دختری که حرف نمی‌زند را داده بود. به همین جهت همواره موقع سخن گفتن به چشمانم خیره می‌شد و مرا خیلی زود می‌فهمید. حال هم به من خیره بود دلم برایش تنگ بود.

در ۲۴ سالگی که در انگلیس درس می‌خواندم فهمیدم که بیمارم و چون نزدیک عید نوروز بود و نوروز نزد خانواده و فامیل ما، چونان بیشتر خانواده‌های ایرانی، بسیار مهم بود تصمیم گرفتم برای آزمایش‌ها و کارهای بیشتر در ایران بمانم و ماندم. چند روز به چهارشنبه سوری مانده بود و خواهرم به اتفاق خانواده از رضاییه آمده بودند. همه دور هم جمع بودیم و شاد. بامدادان با طلوع خورشید برای سی‌تی‌اسکن به بیمارستان رفتم. بعداز آزمایشات فراوان گفتند غده ای که در گردن دارم غده سرد است و من شادمان به خانه برگشتم ماشین را پارک نکرده شیشه ماشین را پایین دادم و به پدرم و همسر خواهرم که در حیاط نشسته و چای می‌نوشیدند دست

تکان دادم و با خوشحالی گفتم غده سرد است. همسر خواهرم که پزشک بود از صندلیش بلند شد و فریاد زنان گفت بیخود کردند و من فهمیدم که بیماریم جدی است و سرد بودن غده علامت خوبی نیست و هرگز غم و درماندگی که در چهره پدرم مچاله شده بود را فراموش نمی کنم؛ دوباره به تصویر پدرم خیره می‌شوم.

آیا باز همانقدر نگران من است؟ جلو می‌روم دست به عکسش می کشم و می‌گویم پدرجان همانگونه که از آن سرطان لنف نجات پیدا کردم این بار هم سالم سالم خواهم شد، می‌دانم.

روز اولی که پشت کامپیوتر نشستم و ایمیل‌هایم را نگاه کردم هیچ کدام را نمی‌توانستم بخوانم. با خود فکر کردم من خیلی‌ها را داشتم که برایم ایمیل می‌دادند حال چه شده که همه آشغال است. من خیلی دیر فهمیدم که من کلمات را نمی‌توانم تشخیص بدهم. من سالیان سال در رشته کامپیوتر درس خوانده و کار کرده بودم. شاگردان بسیاری را یاری داده بودم و حال هیچ‌چیز نمی‌دانستم. نمی‌خواستم گریه کنم و هیچ نمی‌دانستم چه کنم. یاد گذشته افتادم در ۳ سالگی کلمه برف را که با حروف لاتین روی کارتون پودر لباس‌شویی نوشته شده بود خوانده بودم. و در ۵ سالگی به کلاس اول رفته بودم. من همیشه از خود بسیار توقع داشتم و والدینم هم همینطور و حال من مانده بودم و همه دانسته‌های بر باد رفته‌ام. و بعد مشکلات زیادتر و زیادتر شد. من نمی‌توانستم درست راه بروم و دوستان در صحبت‌های تلفنی یا حضوری تندتند صحبت می کردند و لغات کامپیوتری بکار می‌بردند و اصلا تصوری از این نداشتند که من بیشتر گفته‌های آنان را نمی فهمم. از آنچه در تلویزیون گفته می‌شد درک درستی نداشتم و مرتب از اطرافیانم می‌پرسیدم چی گفت؟ با حیرت نگاهم می‌کردند و توضیح می‌دادند. گویی به سیاره دور و غریبی پرتاب شده بودم. خودم را مثل تنهایی یک کوچه خالی در شب حس می‌کردم.

من از کارم، کاری که با آن پول در می‌آوردم، جدا افتاده بودم من از کار سیاسی‌ام، از موج بلند پناهندگان که برایشان کار می‌کردم و سازمانی هم به همین نام در کشور آلمان به ثبت رسانده بودیم دور افتاده بودم و من با کارهای روزمره زندگی مثل قهوه دم کردن، طرز پخت غذاها، چایی دم کردن، همه و همه بیگانه شده و در حلقه گرم خانواده و دوستان تنها بودم و از همه مهم‌تر اینکه همواره همه کارها را در خانه من انجام داده بودم و حال می‌بایستی برای خودم و حال خودم تصمیم بگیرم اما نتوانستم هیچ کدام از برنامه‌هایی را که در بیمارستان گفته بودند باید بعد از برگشت به خانه انجام دهم عملی کنم. چون نمی‌توانستم تصمیم بگیرم. حتی این را هم که می‌بایستی بعد از سه ماه به یک بیمارستان بازسازی می‌رفتم انجام ندادم.

آمدن خواهرم از ایران خانه را رنگین‌تر کرد و صدای خنده‌هایم بلندتر شده بود. از رویاهای بی ترس کودکی‌مان و از خاطراتمان که مثل رویای کهنه از نوک پلک‌های مادر برایمان مانده بود لیوان لیوان می‌نوشیدیم و سیر نمی شدیم. روزهایی که فکر می‌کردیم هیچ سنگی خردمان نمی‌کند. نمی‌دانستیم قلبمان به اندازه مشتمان است و مفتخر آرزوها و جسارت‌هامان بودیم که به اندازه قلبمان بود.

هنوز با باوری قوی زیر دوش می‌رفتم و مجسم می‌کردم که لکه‌ها از توی سرم پاک می‌شود. پسرم چند بازی فکری برایم آورده بود که مرتب روی میزم بودند و به هیچ روی قادر به حل حتی یکی از بازی‌ها نشدم و چون عادت به شکست نداشتم دفترشان را باز می‌کردم و از روی متد بازی کار را تمام می‌کردم ولی باز فردایش روزی از نو بود و من یادم نمی‌ماند که متد را در خاطرم نگه دارم. من همواره نسبت به دارو حساس بودم و یک قرص معمولی آسپرین می‌توانست مرا یک شب کامل بخواباند و حال با این همه قرصی که داده بودند خیلی سعی می‌کردم که دیرتر بخوابم و کار تجسم را انجام دهم. روزها همچنان در گذر بودند و مشکلات من هم با من

بودند مهمترین بخش ناراحت‌کننده گرفتگی گلویم بود که اگر می‌خواستم حرف بزنم و یا هنگام خوردن و نوشیدن گاه به گاه، گلویم کیپ می‌شد و پیدا نکردن کلمه‌ها و ترس زیادم از هر صدای بلندی و چشمانم که بعد از گذشت این همه مدت هنوز نمی‌توانستم بخوبی ببینم بخصوص در نگاه اول به هر شیئی و هر جمله‌ای من قسمت راست را نمی‌دیدم و بعد از مدتی خیره شدن یک‌باره جلو چشمانم کلمات زنده می‌شدند. در کوچه و خیابان همسایه‌ها و آشناها تا مرا می‌دیدند و ظاهر مرا می‌دیدند بلافاصله می‌گفتند خدا را شکر بیماری زیاد سنگین نبوده. نمی‌توانستم بگویم شما ظاهر را می‌بینید و نمی‌توانید درک کنید بر من چه گذشته. از سویی هم خوشحال می‌شدم که مرا بیمار نمی‌دانند.

یک روز از پشت پلک پنجره به بیرون می‌نگریستم باز به «راین» و موج‌های قشنگ آب خیره شده بودم چشمم به تابلویی افتاد که آقایی نزدیک آب سعی می‌کرد آن را روی زمین محکم کند و من با یک نگاه توانستم از آن فاصله آن را بخوانم هر چند با جملات خیلی بزرگ نوشته شده بود و یک اطلاعیه بود، اینکه من توانستم آن را بخوانم معجزه بود. پسرم را خبر کردم و از او خواستم مرا به چشم‌پزشک برساند. چشم‌پزشکی در نزدیکی خانه‌مان بود نمی‌توانم احساسم را بیان کنم. یادم می‌آید باران تندی می‌بارید و من زیر باران بدون چتر تندتند قدم برمی‌داشتم. پسرم مرتب می‌گفت: «خیس خواهی شد. بیا زیر چتر!» ولی من از اینکه این شانس به من داده شده تا دوباره بتوانم زیر باران باشم از خیس شدن لذت می‌بردم و پسرم هم یک ریز می‌گفت: «نمی‌دانی چقدر خوشحالم که راه می‌روی.» مطب دکتر پر از بیمارانی بود با وقت قبلی ولی چون او دکتر پسرم هم بود و وضعیت مرا شنیده بود ما را پذیرفت.

کل آزمایش‌ها و تست‌ها دو ساعتی وقت گرفت و وقتی جواب آخرین آزمایش‌ها حاضر شد دکتر خودش بیرون آمد و گفت همه چیز خوبست و هیچ مشکلی که جلوی رانندگی ترا بگیرد وجود ندارد. با حیرت نگاهش

می‌کردم پس آن سه لکه چسبیده در مغزم رفته بودند.هیچ کسی در این دنیای پهناور نمی‌توانست به اندازه من خوشبخت باشد. اول به خواهرانم تلفن زدم و مژده را دادم و بعد به خانم دکتری که در بیمارستان بود زنگ زدم. نبود. پیغام گذاشتم. چند دقیقه طول نکشید که تلفن زد از صدای شاد من فهمید که اتفاق خوبی افتاده به زحمت با جملات آلمانی، انگلیسی و هرچه که به ذهنم می‌رسید به او فهماندم که لکه‌ها رفته‌اند و من می‌بینم و... خانم دکتر نازنین که مرتب به من گفته بود معمولا چند ماه اول اگر از بین نرفتند دیگر ماندنی هستند در سکوت به سخنان من گوش داد و گفت: «من خیلی خوشحالم و تلاش و کوشش تو قابل تحسین است. ولی اول باید یک سی‌تی‌اسکن بکنند.» بعد گوشی را قطع کردم پسرم ناراحت شده بود ولی من باور داشتم که همه چیز خوب است.

۶

زندگی واقعا زیباست آفتاب آسمان آبی و حتی آسمان گرفته، باد، باران و تگرگ، همه چیز زیباست. همین که نفس می‌کشم زیباست. روزها را با شوق بسیار پشت سر می‌گذاشتم تا زمان سی‌تی‌اسکن آمد و باز بیرون در و در انتظار جواب سی‌تی‌اسکن. ساعت‌ها شروع کردند به کش آمدن. بیست بار ساعتم را نگاه کردم ولی گویی عقربه تکان نمی‌خورد و... و بالاخره آن لحظه زیبا رسید. همه چیز درست بود و لکه‌ای در کار نبود! سال‌ها پیش با مادر و خواهرانم به دیدن فیلم اشک‌ها و لبخندها رفته بودیم. در برگشت ساعت‌ها من و خواهرانم در باغ خانه می‌رقصیدیم و تکرار می‌کردیم دو، ره، می، فا، سل، لا، سی... و اکنون هم همان حال را داشتم تا برگشت به خانه من می‌خندیدم و دو، ره، می، فا... را تکرار می‌کردم من موفق شده بودم. همسرم اخلاق بسیار خوبی که داشت این بود که هرگز به باورهای من شک نمی‌کرد و همواره آن‌ها را تایید می‌کرد. دخترم هم همینطور. ولی پسرم به این مسایل با ناباوری نگاه می‌کرد. ولی برای من مهم این بود که لکه‌ها با آن همه عواقب بد رفته بودند. صبح زود از خواب بیدار شدم و چونان همیشه به کنار پنجره رفتم درختان در برف پوشیده و استوار ایستاده بودند یاد شعری از شاعر اهل شمال افتادم که نامش یادم نمی آمد و فقط یک بیت آن یادم بود: عاشقان درختانند... به سوی کامپیوترم دویدم و با هزار مشکل نام شاعر را یافتم : بیژن نجدی!

عاشقان، گیاهانند
که می‌رویند
می‌میرند
سبز می‌شوند
می‌ریزند.
باران که می‌بارد، چتر نمی خواهند.
زمستانها
بی‌کلاه و پالتونپوشیده
می‌ایستند روی‌درروی نگاه برف
چشم‌درچشم یخبندان
بی شرمساری اندام برهنه شان از برگ.
عاشقان، گیاهانند که ریشه‌هاشان فرو رفته است
در سوراخهای صورت من، جای خالی چشم
در جمجمه شکسته تو
و این خاطرات
توت می‌شود یک روز
انار می‌شود گاهی
که دیروز انگور شده بود
که فردا، زیتون و تلخ

و بی‌توجه به هوای سرد نفس عمیقی کشیدم و گفتم خاطرات من چه می‌شود؟ حتما انار می‌شود و چه شیرین. انار همواره در زندگی من جایگاه ویژه‌ای داشته و دارد. من در ماه مهر به دنیا آمده‌ام و باغ خانه‌مان پر از انار بوده و مادرم همواره می‌گفت من ترا با آب انار بزرگ کردم و هنگام بارداری من هم اصرار می‌کرد انار بخورم و این چنین است که من عاشق انارم و اکثرا روی میزم چند انار هست.

یاد درختان بدون بالاپوش زیر برف و انار دوباره به من حس زیبای جنگیدن با بیماری را داد و اینکه چه نیک‌بختی بزرگی است زندگی کردن و مرگ را دیدن و مغلوب آن نشدن. به خودم گفتم: «می‌دانی همانطور که فلسفه فیزیک کوانتوم می‌گوید چیزی از بیرون نمی آید و همه چیز از درون ما به بیرون فرستاده می‌شود واین فکرهای ماست که سرنوشت ما را می‌سازد و از امروز شروع کن به شفای باقی بیماریت. و من با باور بیشتر شروع به کار کردم. در کتابی خوانده بودم سیستم «ار.ای.اس[۹]» بخشی از مغز است که مسئول بررسی تجربیات ماست و هر تجربه را بررسی می‌کند تا ببیند هر رویداد چقدر منطقی است. سیستم «ار.ای.اس» میلیاردها بیت اطلاعاتی را در هر لحظه پردازش می‌دهد و از بین این میلیاردها بیت اطلاعات، آن چند موردی را که برای شما ارزش یا اهمیت ویژه دارد انتخاب و جدا می‌کند. مثلا شما روزی برای خرید لباس حریر آبی به فروشگاه‌های مختلف می‌روید و جستجو می‌کنید و از فردا مرتب در خیابان و محل کار و... مواجه با لباس حریر آبی می‌شوید این یک تصادف نیست «ار.ای.اس» شما که می‌داند شما به این لباس و این رنگ علاقمندید و شما را در فرکانس آن قرار می‌دهد. این اصل در مورد تمامی خواست‌ها و آرزوهای ما صدق می‌کند و هر چه بیشتر به تصویرسازی از خواست‌هایمان بپردازیم آنها را به سیستم «ار.ای.اس» خود نزدیک‌تر کرده‌ایم و یادآور شده‌ایم که این موضوع برای ما اهمیت ویژه دارد و با این کار سیستم «ار.ای.اس» خود را با فرکانس آرزوها و خواست‌هایمان یکی کرده‌ایم.

من هم با باور جدی به اینکه فکر من، تمرکز من روی خواست‌هایم و کمک سیستم «ار.ای.اس» مغزم، زندگی مرا می‌سازد شروع کردم به کنترل گفتارم و فکرهایم. آنچه را که در رفتار و کردار کوانتومی گفته شده: خوب فکر کنیم و اندیشه خوب داشته باشیم و گفتار درست داشته باشیم و رفتارمان درست و نیک باشد، البته همانی است که زرتشت هم گفته و

---

۹. Reticular activating system دستگاه فعال کننده مشبک (قسمتی از دستگاه مرکزی عصبی)

سال‌ها آن‌ها را خوانده بودیم ولی وقتی من فیزیک کوانتوم را شناختم و طرز کار انرژی‌ها را در بدنمان و فرکانس‌های هر فکر و اندیشه و طرز کار آن‌ها را شناختم و نوع به زبان آوردن هر آرزو را آموختم تازه یک زرتشتی کامل شدم. می‌دانم انسان تنها موجودی است که می‌تواند فرکانس‌هایش را تغییر دهد و این تغییر فرکانس‌ها از طریق تغییر باورها و افکار در هر لحظه در ذهن صورت می‌گیرد. و همانگونه که وقتی سنگی در آب می‌اندازیم و حلقه تولید می‌شود چوب را می‌بریم روی همه شان حلقه‌ها هست در ناخودآگاه ما هم همین‌گونه است. وقتی می‌گویم من خوشبختم دایره‌وار شروع می‌کند به چرخیدن: من خوشبختم... من خوشبختم... میبایستی مواظب حرف‌هایم باشم.

شروع کردم به نامه‌نگاری با خودم ولی سخت بود. هر بار می‌خواستم بنویسم امروز نوشته بودم مثلا عصر! هنوز نفهمیده‌ام این اتفاق چگونه ممکن می‌شد و تازه هر کلمه را که می‌نوشتم شکلش برایم نا آشنا بود به همین جهت به چندین نوع مختلف می‌نوشتم تا شکلش برایم آشنا باشد. ولی هیچ‌یک از این ناتوانی‌ها را کسی نمی‌دانست. و من نابردبار و سخت‌کوش با خودم کار می‌کردم و به همه اطرافم آگاه بودم. هر چند که این تمرکز هنوز ناپایدار بود ولی پرواز پرندگان، صدای خنده کودکان که از مدرسه بر می‌گشتند با دگمه‌های کج‌وکوله بسته شده و بندکفش‌های آویزان، همه و همه زیبایی می‌آفریدند. یک روز با دخترم به اداره‌ای می‌رفتیم. آسمان ابری بود و همه جا سفید. نزدیک اداره دخترم پارک کرد و گفت مادر صبر کن چتر برایت بیاورم برف می‌بارد ولی من از ماشین پایین آمدم و دست‌هایم را رو به آسمان سفید گرفتم و اشک‌هایم جاری شد و مرتب می‌گفتم من چقدر خوشبختم! می‌توانست این برف بر آرامگاه من ببارد و من آن زیر در حال پوسیدن می‌بودم. من خوشبختم، خوشبختم! یاد شاهزاده لیلا افتادم یک روز که غرق در خنده‌های شیرین بود و از اتفاقاتی

که بر ما رفته صحبت می‌کردیم من گفتم ولی مردم همه می‌دانند که پدر شما چه خدماتی به ایران و ایرانی کرده‌اند صدای خنده قشنگش فرورفت با اندوه گفت: «چرا باید این همه زجر می‌کشیدند تا بدانند؟»

و حال که آن دخت فهمیده در دل خاک خوابیده من درست در همانجا هستم که او می‌گفت آیا بعد از گذراندن آن همه رنج و اندوه و ترس باید می‌دانستم که زندگی زیباست و من خوشبختم که زندگی می‌کنم؟

من همواره آدمی خوشبین بودم همواره زندگی را دوست داشتم ولی هرگز ارزش آنچه را که داشتم چون امروز نمی‌دانستم. من به قدری کار می‌کردم که گذر شب و روز را نمی‌دانستم. به قدری زندگی پری داشتم که وقت برای تنها بودن با فرزندانم نمی‌یافتم. روزی به بانویی که از من کمک می‌خواست گفتم: «سه روز دیگر زنگ بزنید، خیلی گرفتارم.» شب همان روز دخترم در تلویزیون شاهد بوده که آن بانو به تلویزیون زنگ زده و گله کرده که ارجمند به من چنین گفت. البته آقای مجری برنامه هم بهش جواب درستی داده بود که خوب ایشان گفته‌اند سه روز دیگر کمک خواهند کرد. و او جواب داده بود: «ایشان هیچ وقت این کار را نمی‌کند. همان موقع اسم می‌نویسند و...» من حتی تمام کسانی را که مرا می‌شناختند بدعادت کرده بودم و این دوست داشتن خود نبود و این بود که جسمم به من «نه» گفت و گفت: «تو می‌توانی بدوی ولی ما نمی‌توانیم.»

۷

فلسفه کوانتوم با عشق به خود شروع می‌شود و من حال نه تنها خودم بلکه همه انسان‌ها را دوست‌داشتنی می‌دانم و در دریاچه بزرگ اندیشه‌هایم عشق با رنگ طلایی شفاف شناور است و من احساس آزادی می‌کنم از خواسته‌های دیروزم و قالب‌های فشرده و وقت‌گیر که مرا رها کرده‌اند و یا من آن پیله‌ها را شکافته و بیرون آمده ام. چه سعادتی است لمس و حس کردن عناصر زندگی: هوا، آب، آتش، خاک. در کودکی به اتفاق خانواده به دامنه کوه سبلان می‌رفتیم جایی بسیار زیبا بود کوه و دشت گسترده و رودخانه پرشتاب و چشمه‌های زیبا و ما قبل از اینکه هوا تاریک شود به بالای کوه می‌رفتیم و گون‌ها را آتش می‌زدیم و برمی‌گشتیم و با دوستانمان جلوی چادرهایمان می‌نشستیم و شعله‌های زیبای گون‌ها را نگاه می‌کردیم. تا نیمه‌های شب طول می‌کشید و پلک‌هایمان سنگین می‌شد. با بوی خوش لذت توی رختخوابمان فرو می‌رفتیم و من و شاید بسیاری این بو را در کوچه‌باغ‌های کودکی جاگذاشتیم و من شادم که به این بوهای زیبا دوباره دست یافته‌ام. مدتها بود میوه را فقط می‌خوردم و از بوی خوش آن غافل بودم همچنان که از بوی یک روزنامه تازه یا یک استکان کمرباریک چای گرم. و همه چیز را زیبا می‌دیدم. روزی پسرم آمد و گفت کانال آب خانه خراب شده و بیش از ۴۰۰۰ هزار ایرو خرج دارد خندیدم و گفتم خیلی خوبست متحیر نگاهم کرد و گفت: «چی؟ این خوبست؟» گفتم: «آره عزیزم، اینکه زنده هستیم و خرابی‌ها را هم شاهدیم. عشق به زندگی

همین است که لذت ببریم از همه آنچه پیش می‌آید و به ما یادآور می‌شود هستیم که شاهدیم» مولانا می‌گوید: «عشق باغچه بزرگی است، اگر بوها را نمی‌توانی بگیری به باغچه وارد نشو!»

و من اکنون شادمان در باغم. بوی گل رز یا خرزهره همه زیباست. گرفتگی گلویم و حنجره‌ام از بین رفته. راه رفتنم کاملا خوب است همه چیز چونان قبل است فقط هنوز کمی مشکل در پیدا کردن نام‌ها و یا عبارات دارم که می‌دانم آن هم خوب خواهد شد. و مهم‌تر اینکه اکنون من با صدای درونم همراهم و نه با صدای کامپیوتر و مشکلات و... من دیگر صدای لحظه‌های زیبایی هستم که همه‌مان در زندگی داریم و شوربختانه آنها را با صداهای معمولا نه چندان مهم می‌پوشانیم.

شب‌ها به آسمان اکثرا گرفته و ستاره‌های نه چندان شفاف غربت نگاه می‌کنم و با خودم می‌گویم در همین آن ستاره زندگی یک نفر در گوشه‌ای از جهان خاموش شد و من خوشبختم که ستاره عمر من نبود و من هنوز فرصت دارم در باغ زندگی باشم و از بوی خوش زندگی لذت ببرم زندگی در عبور است گناهکار افرادی هستند که وقتی زندگی ممکن است زندگی نمی کنند و از حاشیه نگاهش می‌کنند. و نمی‌دانند که ما در زندگی به تلاش جسمی و تلاش ذهنی احتیاج داریم و برای رسیدن به هر هدفی و آرزویی فقط به دودرصد تلاش جسمی و۹۸ درصد تلاش ذهنی نیاز داریم. تلاش ذهنی غوطه‌ور شدن در خاطرات خوبمان است. به هنگام شنیدن یا دیدن خبری بد یا اتفاقی که برخلاف خواستمان است اولین کار باید این باشد که فکر کنیم در این اتفاق چه چیز خوبی وجود داشته. در اکثر مقاله‌ها که در این مورد نوشته شده به این موضوع اشاره می‌شود که از افراد تلخ و یا بدسرشت و اخبار و تلویزیون دوری کنید و اکثراً هم متوجه شده‌ایم که این کار ممکن نیست پس باید در میان انبوه بدی‌ها ،خوبی‌ها را جست.

من در خاطراتِ سبزم و در زمزمه عاطفه‌خیز باران با سفال‌ها و بوی برنج و نارنگی که احساس انسانیم را سرشار و معطر می‌کند جان را به خاطرات خوش، خاطراتی که منظومه پررنگیست از دل‌بستن‌ها و عاطفه‌های دنباله‌دار. از فراز و فرود جان‌هایی که در باران می‌مانند تا باران تنها نباشد، خوشم و خوشبخت. ما انسان‌های خاطره که «پای در خاک و جانی در افلاک داریم»با هر چیز که زمینی و سرزمینی است پیوندی ناگسستنی داریم ولی می‌دانیم که گذشتن از مرزهای جغرافیایی ما را از آن آب‌وخاک، از آن حلقه‌های گرم و پرمهر نزدیکان نکنده و ما هر کجا که هستیم باید پاس بداریم طلوع خورشید را و لبخند ی را که بر چهره رهگذری نشسته، بوی نان تازه را. بوی قهوه و شادی همه آشنایان لذت‌های زیبای زندگی ما هستند و زندگی تا آن لحظه که دست سنگین مرگ بر شانه مان نخورده زیباست.

منابع

کتاب شفای کوانتومی.

آثار دیگر مهین ارجمند در انتشارات استورنوس

این کتاب یک اشاره‌ی بسیار کوتاه به توانایی‌های بسیار انسان است . دریچه‌ی کوچکی
است برای آنانی که در حل مشکلات خویش ناتوان مانده‌اند و به دنبال راهی برای حل
آنها هستند. اشاره‌ی کتاب به فیزیک کوانتوم در واقع بیانگر این است که در هر کجا که
هستید و هر دینی که دارید چشم از آسمان بردارید و نگاهی به خود بیاندازید و تماشاگر
این مهم باشید که اندیشه‌های شما، فکر شما و رفتار شما به کمک اتم‌ها و فوتون‌ها
و ... چگونه تبدیل به ایده‌آل‌های شما می‌شود. این کتاب به زبان بسیار ساده به شما
نشان می‌دهد که چگونه برای رسیدن به آرامش روح و جان از عناصر آشنای مدیتیشن
و یوگا و ... استفاده کنید، به خود و توانایی های خود باور داشته باشید و حل مشکلات
خود را باور کنید. فرکانس‌های خواسته‌های شما، چه آن‌ها بر زبان آورده شوند و چه
خاموش از دریای اندیشه‌های شما گذر کنند، باید یکسان باشد. با رعایت قانون تفکر
کوانتومی و رفتار کوانتومی در اقیانوس آرامش و شادی شناور خواهید بود.

عنوان کتاب: کوانتوم، دروازه رسیدن
© **نشر استورنوس – ژانویه ۲۰۱۷**
شابک ۲-۱۱-۹۴۶۴۵۱-۳-۹۷۸
www.sturnus-verlag.de

Der Schalganfall und die Quantenheilung
Autor   Mahin Arjomand
Umschlagkonzept
und -Gestaltung   Zahra Neysani
Verlag   Sturnus Verlag
                         www.sturnus-verlag.de
                         Postfach 46 06 25
                         80914 München
ISBN   978-3-946451-12-9
© 2017 Sturnus Verlag

Mahin Arjomand

Der Schlaganfall und die Quantenheilung

sturnus
verlag
www.sturnus-verlag.de